5122
比良号

下巻のはじめに

江若鉄道が開業して100周年を迎えた。鉄道運行時の48年間で蒸気運転から始まり、昭和初期には当時の最新技術を使ったガソリンカー・ディーゼルカーをいち早く投入。戦時中には代燃として普及していた木炭代燃のほかに天然ガスを使用した代用燃料を使用、戦後は早くからディーゼルエンジンを交換して安定した運行に勤め、廃線直前には総括制御による気動車の運行も行っていた。気動車を導入してからは、同じく戦前に関西の地で気動車大国と呼ばれた播丹鉄道とともに車両の近代化を進めていた。しかし、播丹鉄道は戦時中に国有化されて国鉄加古川線となり、私鉄としては消滅してしまった。

戦後は「東の関東鉄道、西の江若鉄道」と呼ばれた気動車大国だった江若鉄道だが、蒸気運転も昭和30年代まで行われており、客車列車を牽引

したタンク機が、昭和30年代初頭のディーゼル機関車が本格導入されるまで活躍していた。気動車大国であったが、夏場の多客時などの波動用などに客車も使われ、琵琶湖の湖水浴客を数多く湖西の湖水浴場に運んだ。また気動車も機械式の車両を始め、トルコンを装備した車両、昭和40年代に入ると総括制御が可能な車両などを投入し近代化を推し進めた。

また動力車ばかりではなく、廃線時まで付随車となる「ハ」も多く在籍して、終点駅では機回しをして運転していたのも特徴であった。車両編では創業から廃線まで在籍した、数多くの車両たちを紹介していく。

江若鉄道版のC11が牽引する、木造客車と気動車（キニ04）を連結した夏季湖水浴列車。
1955.8　滋賀　P：高橋　弘

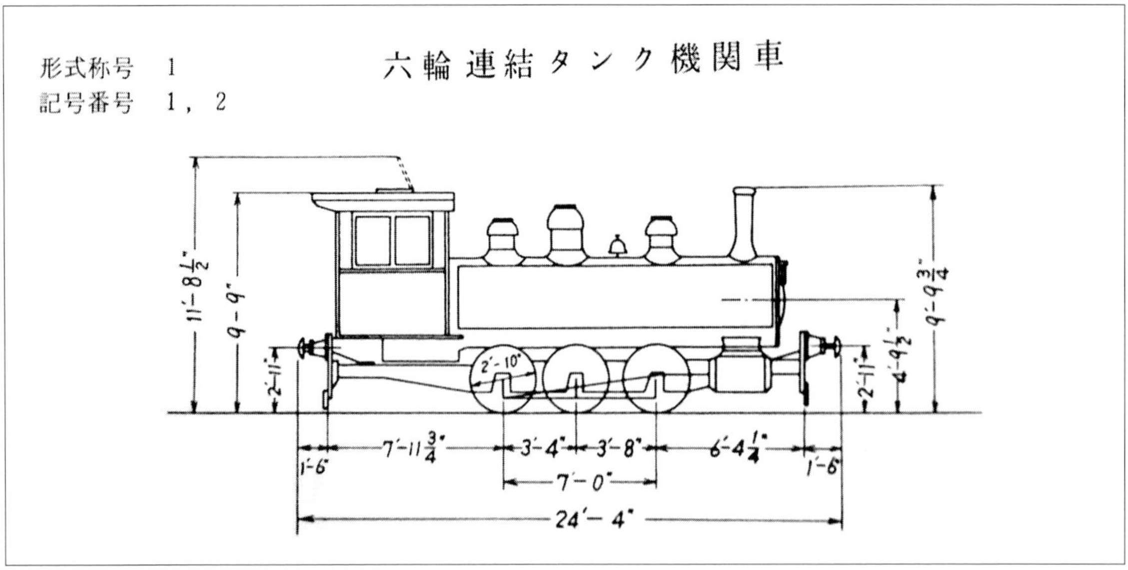

■六輪連結タンク機関車(形式番号１、記号番号１・２)

5. 江若鉄道の車両の系譜

開通当初の車両は蒸気機関車と２軸客車、貨車の布陣で運行されている。開通時に投入された機関車は２両で、営業運転をする以前の建設当時から使用されていたものであった。客車はいずれも２軸車で江若オリジナルの車両であった。浜大津～近江今津間の全線が開通後の昭和一桁時代にはガソリンカーとディーゼルカーが多く導入されている。これは江若鉄道がほぼ平坦の所を走っているおかげで当時の内燃動機の出力で考えると運転に適していたのだと思われる。そのため車両メーカーに同時に同じ車両を発注し、性能を比較するようなことが行われている。例えば最初に導入されたキニ１・２に対し３、キニ４・５に対し６、キニ９～13のうちスタイルは同じだがキニ10だけがメーカー違いということになる。

戦後は早い時点で代燃から日野ディーゼルエンジンに積み替えが行われたが、さらに早期にディーゼルエンジンの代表エンジンとなったDMH17を搭載していたのも特徴であった。

客車はボギー客車として投入された元関西鉄道の木造車を昭和30年代に更新工事等で近代化が行われ、またそれでも多客時にさばききれないために元国鉄オハ27形を３両導入し、客車列車２編成で運行されていたのも特徴であった。

昭和40年代に入ると総括制御が可能な気動車が６両登場しており、のちにこれらの総括制御可能な気動車が最終的に「東の気動車大国」だった関東鉄道にすべて集結したのは、気動車の近代化を率先して行った江若鉄道の先見の明だったのだと思われる。

汽箭径及衝程	11″ × 16″	
実用最高汽圧	165	封度／平方吋
火床面積	9.33	平方呎
伝熱面積	469.20	〃
焰管	430.00	〃
火室	39.20	〃
運転整備の時機関車重量	21.42	噸
働輪上の重量	21.42	〃
空車の時機関車重量	15.57	〃
缶水容積		
水槽容積	950	ガロン
積載燃料重量	15.5	立方呎
最大寸法（長×幅×高）	24′−4″ × 8′−6″ × 11′−8 1/2″	
焰管（径×長×数）	2″ × 10′−3 1/4″ × 80	
車軸（径×長）	ジャーナル	ホイールフィット
導軸・働軸・従軸	5″ × 7″	4 3/4″ × 5 1/4″
制動機の種類	蒸気及手用制動機	
聯結機の種類	(螺旋及連環聯結器）自動聯結器	
製造所名	ダヴェンポート	
製造年月	大正９年８月	
記事	大正11年５月車輪取換	

■１・２号機諸元表

(1) 蒸気機関車

■１・２号

１号から３号機関車までは形式的には１形となっているが、１～２は米国ダベンポート製のＣタンク機関車であった。江若での購入は1920(大正９)年で三井寺～叡山間の江若鉄道創業路線の建設にも使われたものだと思われる。１は1934(昭和９)年に廃車、２も

蒸気機関車４形6号機。1964（昭和39）年まで在籍した江若鉄道最後の蒸機であった。　1951.6　三井寺下　P：高橋　弘

同年に廃車されたが、小倉鉄道に譲渡されその後東洋セメント（最後は住友セメントに改名）で使用され、1960（昭和35）年に廃車されている。

■3号

1923（大正12）年に江若鉄道に導入されたＣタンク型機関車で、ドイツのコッペル製であった。1935（昭和10）年には筑前参宮鉄道に譲渡されている。

譲渡後は最終的に国有化されて省形式2090が与えられ、1947（昭和22）年に廃車されている。

■形式４（4～12）

官設鉄道より譲り受けた1B1のタンク機関車で、省形式は600形である。９両が存在したが、江若には３回に分けて払い下げられており、４～６が1925（大正14）年４月、７～10が1926（昭和元）年12月、11～12が1929（昭和４）年４月となっている。600形と一括りされているが、新造時の鉄道会社は異なっていた。

蒸気機関車４形10号機。1896（明治29）年の新製時は総武鉄道（現在のJR総武線の前身）に投入され、国有化の後江若鉄道に払い下げられた。
1951.1　三井寺下　P：高橋　弘

昭和初期時代の客車列車。　三井寺下　P：高橋　弘 所蔵

■形式500(539)

600形の置き換えの際に500形が1両のみ払い下げを受けている。1888(明治21)年官設鉄道に登場した英国デュブス製機関車で、1936(昭和11)年に払い下げされている。戦後も蒸気機関車としては遅くまで残存し、1956(昭和31)年に廃車されている。

蒸気機関車500形539号機。英国製の1B1の軸配置を持つ機関車で、主に貨物用に用いられた。
1951.1　三井寺下
P：高橋　弘

■形式1070(1107・1118)

1070形は２両在籍していたが、いずれもメーカーが異なっていた。製造当時はテンダー機関車であったが、大正末期から昭和初期にかけてタンク機に改造されている。

1107は1897(明治30)年英国ネルソン製で、鉄道局での形式は6200形であった。1939(昭和14)年に払い下げを受け、約10年で廃車された後に桜島埠頭へ譲渡され、1964(昭和39)年頃まで活躍した。

1118は1900(明治33)年英国デュブス製の機関車で、メーカーの違いから鉄道局での形式は6270形になっている。江若鉄道には1927(昭和12)年に払い下げられ、昭和30年代まで活躍したが1962(昭和37)年に廃車されている。

なお、鉄道省でタンク機に改造されてからは形式1070形となっており、現在京都鉄道博物館で保存されている1070形1080号はこれらの機関車の仲間であった。

蒸気機関車1070形1107号機。新製時は2Bテンダ機であったものを2B1タンク機に改造した車両。　1947年　三井寺下　P：高橋　弘

蒸気機関車1070形1118号機。京都鉄道博物館に保存されている1080号とは同形車である。　1958.8　滋賀　P：高橋　弘

■形式100

第二次世界大戦下で沿線に軍需工場も建設されたなか、そのための入換用機関車を必要とした江若鉄道では、1942(昭和17)年から翌年にかけて車両払い下げの申請を行っている。しかし、実際に払い下げが行われたのは米国バルカン・アイアン社が1923(大正12)年に製造したサドルタンク機であった。

この機関車は元宇部鉄道の国有化車両として払い下げを受けているが、宇部鉄道の国有化が1943(昭和18)年、江若鉄道への払い下げも同年であるほか、ナンバーは宇部鉄道では100、鉄道省では205となっていたはずのものが江若鉄道でも100だったことから考えると、鉄道省で使われた形跡はないものと思われる。戦後の1946(昭和21)年の時点ですでに連結器がない写真があり、ほとんど江若鉄道で使われることなく1948(昭和23)年に神戸製鋼所に譲渡されている。

蒸気機関車100形。宇部鉄道の1B1タンク機100号が1943(昭和18)年に国有化された後、ほどなく江若鉄道に譲渡されたもの。写真の時点ですでに使用されている形跡がない。
1947年　三井寺下
P：高橋　弘

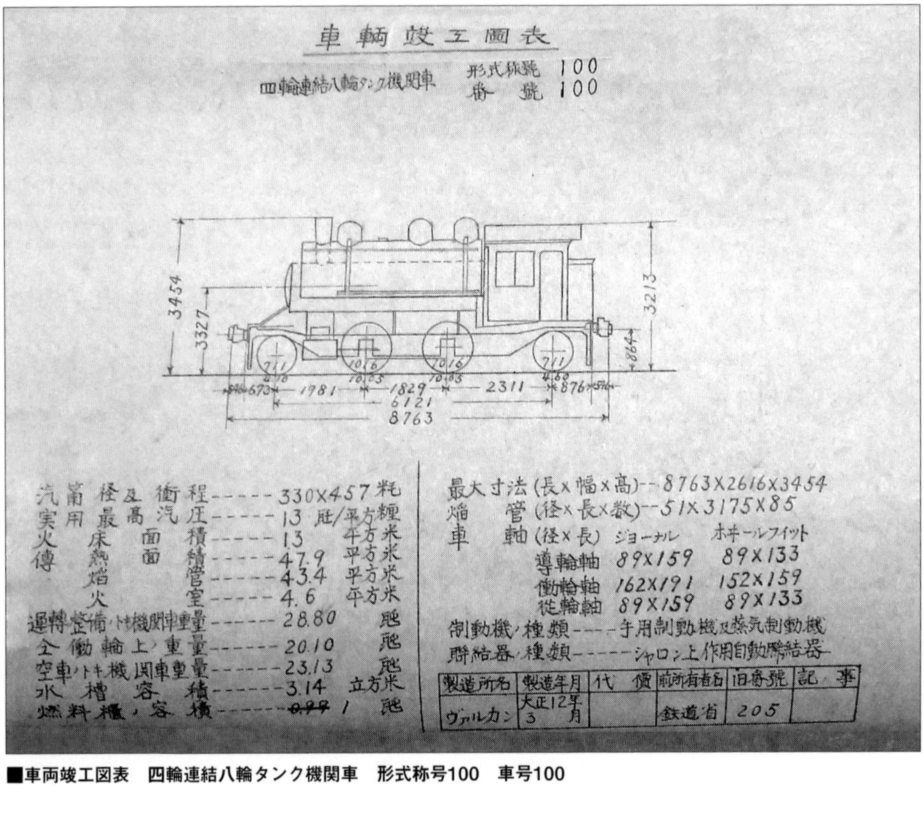

車輌竣工圖表

四輪連結八輪タンク機関車　形式称號 100　番號 100

汽筩径及衝程------330×457 粍
実用最高汽圧------13 瓩/平方糎
火床面積------1.3 平方米
傳熱面積------47.9 平方米
焔管------43.4 平方米
火室------4.6 平方米
運轉整備ノトキ機関車重量------28.80 瓲
全働輪上ノ重量------20.10 瓲
空車ノトキ機関車重量------23.13 瓲
水槽容積------3.14 立方米
燃料槽ノ容積------~~0.99~~ 1 瓲

最大寸法(長×幅×高)--8763×2616×3454
焔管(径×長×数)--51×3175×85
車軸(径×長)　ジョーナル　ホヰールフイット
導輪軸　89×159　89×133
働輪軸　162×191　152×159
従輪軸　89×159　89×133
制動機ノ種類-----手用制動機及蒸気制動機
聯結器ノ種類------シャロン上作用自動聯結器

製造所名	製造年月	代價	前所有者名	旧番號	記事
ヴァルカン	大正12年3月		鉄道省	205	

■車両竣工図表　四輪連結八輪タンク機関車　形式称号100　車号100

■形式5-Ⅱ

敗戦直前の1945（昭和20）年７月（書類上）に大阪市場駅日通より転籍してきた1924（大正13）年米国ボールドウィン製のタンク機で、元は播丹鉄道の機関車であった。しかしこの機関車も100と同様、江若鉄道ではあまり使用された形跡はなく1950（昭和25）年に廃車されている。

蒸気機関車５号機（二代目）。米国ボールドウィン製の1C1タンク機で、譲渡されて５年後の1950（昭和25）年に廃車された。
1947年　三井寺下　P：高橋　弘

Column　謎の写真　神戸電鉄に入線していた1118

この写真は神戸在住の土出 陽氏が撮影された写真で、蒸気機関車のナンバーが1118となっている。撮影は1949～50（昭和24～25）年頃で神戸電鉄三木駅とのことである。この当時は神戸電鉄の粟生線の延伸工事が行われていた時期で、工事列車の写真だそうだ。

今回この写真を貸していただくにあたり当時の車歴簿があればと江若交通様にも何か書類が残っていないかと探してもらったが、残念ながら昭和50年代に本社移転の際に不必要になった鉄道関連の書類は処分されていたようで残っていなかった。他にも国立公文書館に貸し出し記録がないかと探したが、私鉄同士の貸し借りのようでこちらでも資料を探し出すことは今回できなかった。

この写真を見られた方で車歴（貸出記録）を確定できる資料をお持ちの方がおられれば、是非公表して頂ければ幸いである。

神戸電鉄に貸し出されたものと思われる蒸気機関車1118号。次位の無蓋貨車には「神戸電気鉄道」の標記が見える。
1949～50年頃　神戸電鉄三木
P：土出　陽

戦後の輸送力増強に伴い導入されたC11形(C111号、導入時の名称は「ひえい」)。国鉄C11に準じた自社発注車である。
1957.8.12　真野　P：高橋　弘

■形式C11（C111・112）

戦後沿線に作られた米軍キャンプの貨物輸送等でより輸送力を増強する計画のもと1947(昭和22)年６月に認可されたのがC11であった。江若鉄道では「ひえい」(後のC111)、「ひら」(後のC112)の２両が登場している。

「ひえい」は1947(昭和22)年の新造機関車であったが、「ひら」は1944(昭和19)年に宇部油化工業101よりの転入車となっている。1950(昭和25)年頃に車両番号が名前から形式に変更されている。

江若鉄道でのC11の活躍は意外に短く、C111は1957(昭和32)年に北海道の雄別鉄道に譲渡されている。C112は1952(昭和27)年に三岐鉄道に譲渡されたのち北海道の羽幌炭礦鉄道に譲渡され、廃車されている。

なお、この２両のC11はその後一度も国鉄に譲渡されることなく私鉄を渡り歩いた車両で、C111は後に雄別鉄道から釧路開発埠頭に移り、1975(昭和50)年に廃車された後は個人で保存されていた。現在は東武鉄道に譲渡され、C11123として営業運転を目指し再整備中である。

雄別鉄道に譲渡された後のC111。現在は東武鉄道の手に渡り、C11 123として営業運転を行うべく整備中である。
P：江若鉄道 所蔵

三岐鉄道に渡ったC11形C112号は三岐でC11 1号と改番された。後に羽幌炭礦鉄道へ譲渡されている。
1953.9　三岐鉄道富田　P：高橋　弘

製造当初は「ひえい」の愛称がプレートに掲出されていた江若鉄道C111号。水タンク側面には米兵乗車禁止の注意書きが英文で書かれている。
1947年頃　三井寺下　P：高橋　弘

３軸のディーゼル機関車DC301。廃車後は兵庫県の別府鉄道に譲渡された。
三井寺下　P：高橋　弘

(2) ディーゼル機関車

■形式　DC301

貨物入換の無煙化のために1952(昭和27) 年に新三菱重工業三原車両で製造されたC型ディーゼル機関車。当時はまだディーゼル機関車の開発途上で、試作的要素の多い機関車であった。L字型スタイルでボンネット・エンジンは浜大津側にあった(キャブが近江今津側)。

形式のDはディーゼル、Cは動輪数、30は最高速度を表していたが、機関的に最高速度45km/hまでの性能があった。動輪の駆動はサイドロッド式、エンジンは三菱製のDE175HPを搭載していた。主に浜大津駅にて国鉄からの貨車の引き受け並びに入換に使用されていた。

1964(昭和39) 年に同年廃止の熊延(ゆうえん) 鉄道から転籍してきたDC251と交替で廃車され、兵庫県の別府鉄道に譲渡されている。

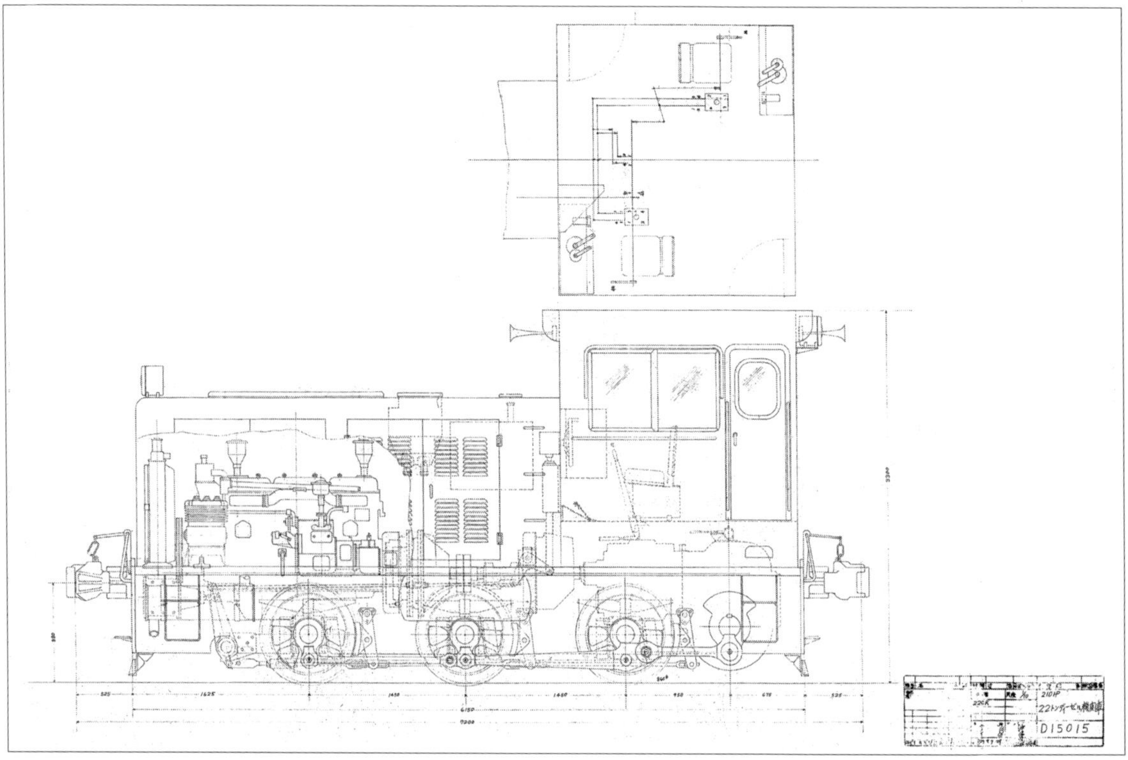

■別府鉄道 DC301組立図(元江若鉄道DC301)　提供：内田利次

国鉄DD13形に先がけて登場したDD1351。1969(昭和44)年の廃線後はDC301と同様別府鉄道に渡り、土山線で混合列車や貨物列車を牽いて活躍した。 1958.8.10　三井寺下　P：高橋　弘

■形式　DD13(DD1351・1352)

DD1351は国鉄に採用されたDD13形の基礎となった機関車として、1957(昭和32)年11月に汽車会社で製造された試作型であった。後に量産されたDD13より全長が500mm長く、また江若のDD13の特徴であったデッキの手すりが取り付けられていた。エンジンはDMS3S(出力370HP)が2台搭載されていた。緑色に塗装された車体で活躍し、廃線後は別府鉄道に譲渡され、1984(昭和59)年の別府鉄道廃線時まで活躍した。

DD1352は1962(昭和37)年5月に汽車会社で製造された機関車で、国鉄DD13形の112～264とほぼ同じスタイルをしていた。エンジンはDMF3SB(出力500HP)を2台搭載しており、貨物輸送をはじめ、夏の湖水浴客の臨時客車列車などの牽引にも活躍した。

廃線後は岡山臨港鉄道に譲渡されており、岡山臨港鉄道廃線後は水島臨海鉄道に再譲渡されたが使用はされなかったようだ。

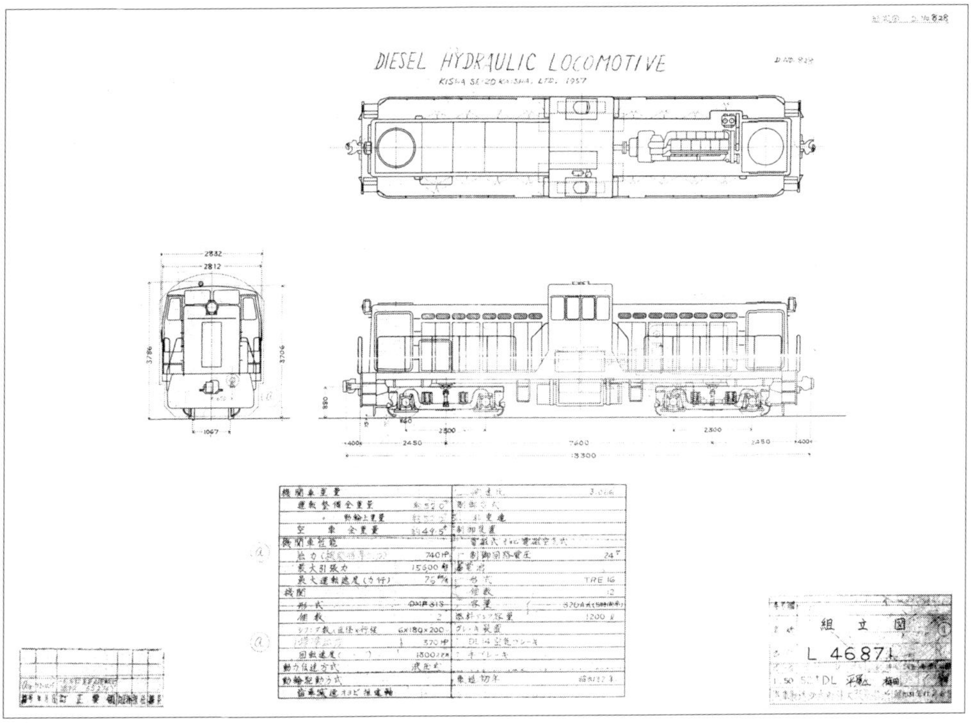

■別府鉄道 DD1351組立図(元江若鉄道DD1351)　　提供：内田利次

国鉄DD13形の後期型に準じた形態で製造されたDD1352。江若での廃線後は岡山臨港鉄道に転じ、1984（昭和59）年の廃線まで使用された。
1958.8.10　三井寺下　P：高橋　弘

■形式　DC251

DC251は、1960（昭和35）年に九州の熊延鉄道で製造された機関車。製造は帝国車輌で、ロッド式のC型機関車であった。1964（昭和39）年の熊延鉄道廃線で江若鉄道に転入し、代わりにDC301が廃車されている。エンジンはDMH17S（出力270 HP）が１台搭載され、エンジン・ボンネットは浜大津側にあった。

主に浜大津での貨車の入換などに使われたが、多客時はDD13が臨時列車などに使用されたため、本線の貨物牽引にも使用されて廃線時までその姿を沿線で見ることができた。

廃線後は和歌山の御坊臨港鉄道（現在の紀州鉄道）に譲渡され、1984（昭和59）年２月の貨物営業廃止まで使用された。

三井寺下の車庫で休むDC251。
1968.8.18　三井寺下　P：山内　祐

九州の熊延鉄道より譲渡されたDC251。小型機ながら入換のみならず本線の貨物列車牽引にも用いられた。
1969.10.3　三井寺下　P：藤本哲男

DC251は江若での廃線後、御坊臨港鉄道（後の紀州鉄道）に譲渡された。
1969.10.3　三井寺下　P：藤本哲男

国鉄キハ41000形の譲渡車C14形キハ16を最後尾にした、６両編成の気動車・客車混結列車。　1957.8.12　浜大津　P：高橋　弘

(3) 気動車

■概説

江若鉄道では昭和初期から内燃動車(気動車)を数多く導入している。燃料はガソリン、軽油のどちらも使われていた。戦時中にはこれらの内燃動車を木炭の代用燃料での運転並びに天然ガス車も登場している。形式の頭に“C”がついているのはCARの略である。また１～13はすべて荷物室があるキニとなっていた。1966(昭和41)年から登場した総括制御車に付いているCはクロスシートの意味で、数字は自重、Sは非貫通、Mは両貫通、SMは片貫通の意味となっていた。

■戦前製・戦前転入の気動車

形式	車番	1942年当時の動力	メーカー	最終車番
1931(昭和６)年３月 新造車両(ガソリンカー)				
C1	キニ1	ガソリン	川車	キニ1
	キニ2	ガソリン	川車	キニ2
	キニ3	代燃(木炭)	日車	ハフ3
1931(昭和６)年８月 新造車両(ガソリン120人乗り大型車)				
C4	キニ4	代燃(木炭)	日車	キニ4
	キニ5	代燃(木炭)	日車	キニ5
C6	キニ6	代燃(木炭)	川車	キハ5123
1932(昭和７)年６月 新造車両(ディーゼルカー 80人乗り)				
C7	キハ7	付随車	日車	ハフ7
	キハ8	付随車	日車	ハフ8
	→1939(昭和14)年に付随車化			
1937(昭和12)年 新造車両(ガソリンカー)				
C9	キニ9	代燃(天然ガス)	日車	キニ9
	キニ11	代燃(木炭)	日車	キニ11
	キニ12	代燃(木炭)	日車	キハ12
	キニ13	代燃(木炭)	日車	キニ13
C10	キニ10	ガソリン	川車	ハ5010
1944(昭和19)年 譲受車両(ガソリンカー)				
C11	キハ14(Ⅰ)	—	日車	キハ14
	↑元・善光寺白馬電鉄 ゼ101			
C12	キハ15(Ⅰ)	—	雨宮	ハフ2
	↑元・成田鉄道 ガ101			

■戦後製・戦後転入の気動車

形式	車番	旧車番	メーカー	最終車番
1950～53(昭和25～28)年 譲受車両(ディーゼルカー)				
C14	キハ14(Ⅱ)	国鉄キハ41014	日車	キハ14
	キハ15(Ⅱ)	国鉄キハ41023	川車	キハ15
	キハ16	国鉄キハ41044	日車	キハ16
	キハ17	国鉄キハ41105	川車	キハ17
1953～64(昭和28～39)年 譲受車両(ディーゼルカー)				
C18	キハ18	国鉄キハ42054	日車	キハ5121
	キハ20	国鉄キハ42047	日車	キハ20
	キハ21	国鉄キハ42050	日車	キハ21
	キハ22	国鉄キハ42500	川車	キハ22
	キハ23	国鉄キハ42501	川車	キハ23
	キハ24	国鉄キハ42023	川車	キハ5124
	キハ19	長門鉄道キハ11	日車	キハ5122
	↑元・国鉄キハ42017→長門鉄道キハ11			
1963(昭和38)年７月 新造車両(ディーゼルカー)				
キハ30	キハ30	—	大鉄	キハ5120
1964(昭和39)年 譲受車両(ディーゼルカー)				
キハ50	キハ51	熊延鉄道ヂハ201	帝国	キハ51
	キハ52	熊延鉄道ヂハ202	帝国	キハ52

※戦前のディーゼルエンジン車は1939(昭和14)年で一旦消滅。
※1942(昭和17)年の太平洋戦争(第二次世界大戦)突入翌年にはガソリンカー３両、木炭車(代燃)７両、天然ガス車１両の布陣となっていた。
※最終車番は江若在籍時のもの。

和歌山鉄道モハ205。江若鉄道のC1形キニ１が譲渡され電車化されたもの。1970年頃まで活躍が見られた。
1952.2.24　伊太祁曽
P：高橋　弘

■C1（キニ１・２）

1931（昭和６）年３月に川崎車輌で製造されたガソリンカーであった。エンジンはブダBA-6（76PS）で80人乗りの中型ボギー車として製造されている。しかし、初期に製造された気動車だけに完成度が低く、1938（昭和13）年頃には売りに出されていたが、契約までは至らなかった。

戦争が激化していくなか輸送力を確保するために客車として使用されるようになり、敗戦後の1946（昭和21）年には２両とも廃車され、当時の和歌山鉄道（後の南海貴志川線→現・和歌山電鐵）に譲渡されて1970（昭和45）年頃まで電車として使用された。

■C3（キニ３）

キニ１・２と同時に製造されたガソリンカーでこちらは日本車輌本店製となっていた。エンジンはブダBA-6（76PS）で80人乗りの中型ボギー車で製造されている。キニ１・２より調子が良かったのか戦時中もそのまま使用された。1950（昭和25）年にはエンジンが降ろされて客車化され、ハフ３（二代目）となった。

1931（昭和６）年製のC3形キニ3は後に客車化され、二代目ハフ３となった。晩年の姿は38頁参照。　1951年　三井寺下　P：高橋　弘

1931（昭和６）年製のC4形キニ4。車体長18m級の大型ガソリカーとなった。　1966.7.20　三井寺下　P：高橋　弘

■C4（キニ４・５）

キニ１～３と同年の1931（昭和６）年８月に認可されたキニ４・５は日本車輌で製造されている。車体長は大型となり120人乗りとなった。エンジンはウォーケシャ 6RB（105ps）であった。

戦時中には代燃に改造され、戦後はエンジンがDA54からDMH17Aに積み替えられ活躍している。登場時は正面４枚窓であったが、運転台位置変更に伴い３枚窓に改造されている。代燃装置取付時の姿は32頁参照。

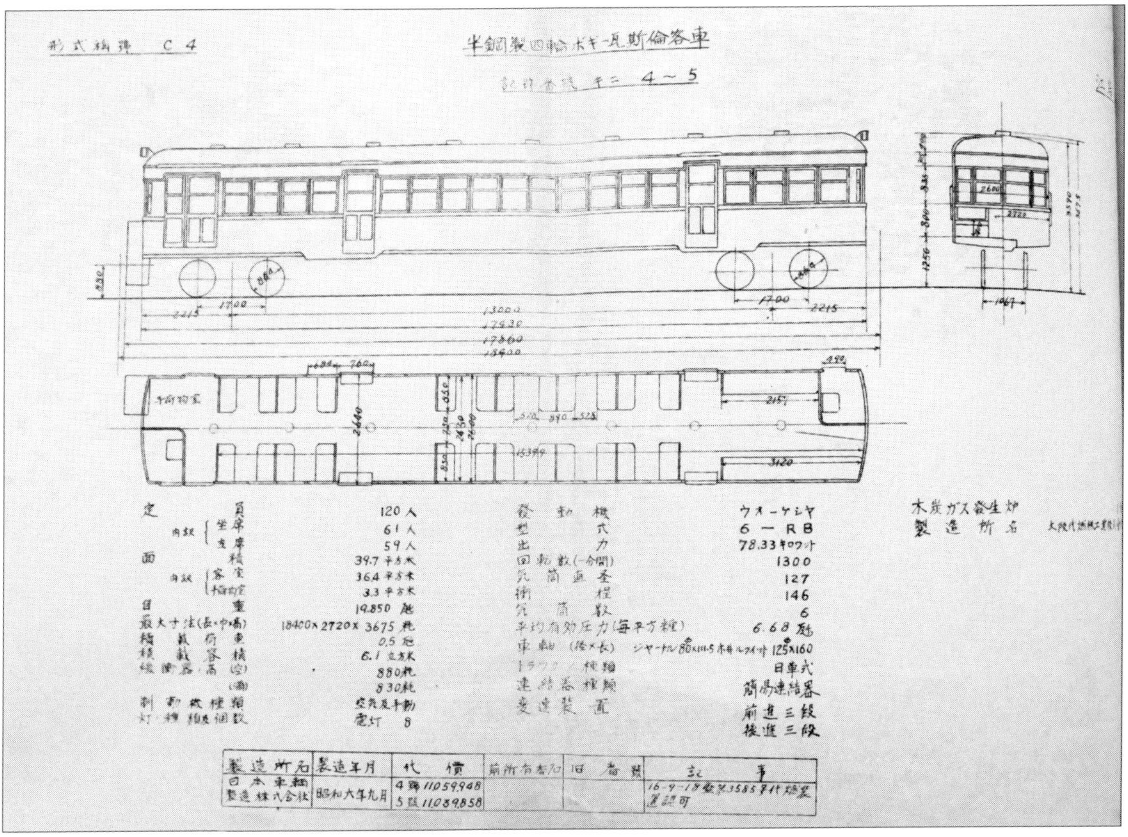

■車両竣工図表　半鋼製四輪ボギー瓦斯倫客車　記号番号キニ４～５（図は木炭ガス発生炉取付時のもの）

1931年製のC6形キニ6。晩年は総括制御車キハ5123として、江若廃線まで活躍した後に関東鉄道へ譲渡、車体更新をされながら2001(平成13)年まで龍ヶ崎線で使用された。
1951.8　三井寺下　P：高橋　弘

■C6(キニ6)

キニ4・5と同時に川崎車輛で製造された大型気動車であった。しかし、キニ1・2とともにどうも川崎車輛製の気動車は台車に欠陥があったようで、キニ6も早々に下回りの改造が施されている。この改造名称が“日車式二改造”と記されていたそうである。

戦時中は代燃改造、その後DA54からDMH17Aエンジンに積み替えられ、1966(昭和41)年には総括制御が可能なC-25キハ5123(30頁参照)に改造され廃線を迎えた。

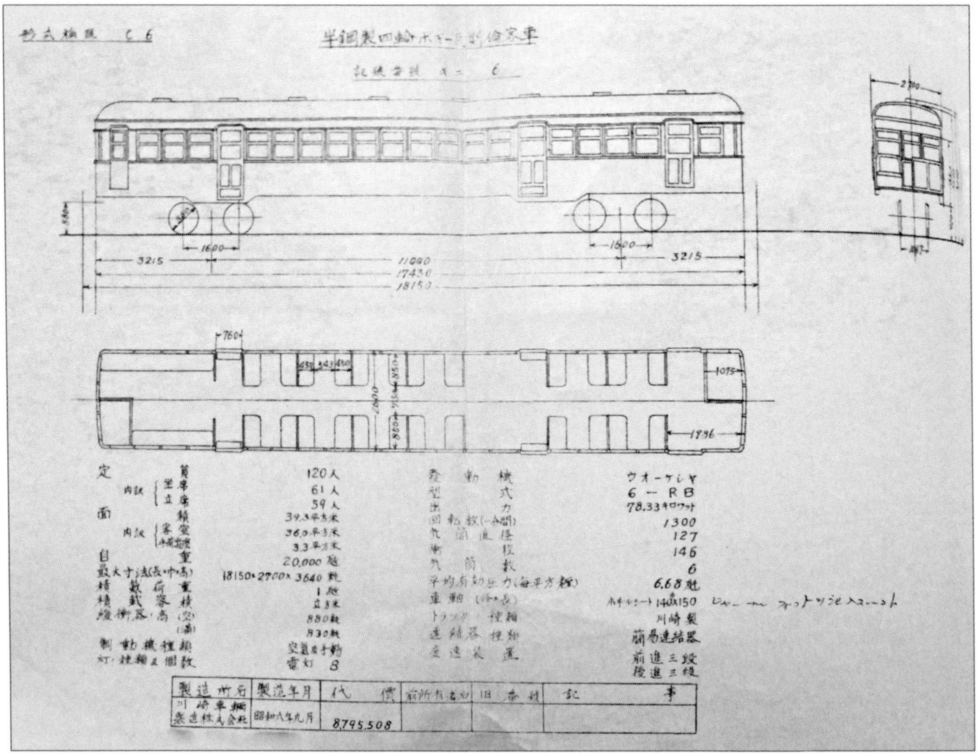

■車両竣工図表　半鋼製四輪ボギー瓦斯倫客車　記号番号キニ6

新製時よりディーゼルカーとして登場しながらも、客車化されハフ８となったC7形キニC7形キニ８改造のハフ８。　1951年　P：高橋　弘

■C7(キニ７・８)

精力的に気動車を導入していた江若鉄道では、ガソリン車以外に軽油を使ったディーゼルカーも導入している。1932(昭和７)年に登場したキニ７・８がディーゼルカーで、製造は日本車輌、エンジンはメルセデスベンツOM-5S(78PS)を搭載していた。車体は中型に戻り80人乗りとなっている。

しかし機関的には成功していたとは言えず、投入後も他のガソリンカーと比べて走行距離も少なく、また1939(昭和14)年にはどちらかの車両のエンジンが破損し復旧することもできずにそのまま２両ともエンジンを降ろし付随車化、1941(昭和16)年に客車化されてしまっている(ハフ７・８に改造)。晩年の姿は38～39頁「ハフ７・８」の項参照。

C7形キニ８改造のハフ８。江若廃線時まで客車として使用された。　1951年　三井寺下　P：高橋　弘

江若鉄道を代表する「びわこ顔」のガソリンカー、C9形キニ9。18m級のガソリンカーとして1935(昭和10)年より日本車輌で製造された。
1953.1.14　浜大津　P：高橋　弘

■C9（キニ9・11・12・13）
■C10（キニ10）

1935(昭和10)年になるとまた大型のガソリン気動車を量産することになる。一連の「びわこ顔」と呼ばれる日本車輌の流線形のスタイルの気動車が日本車輌・川崎車輌合わせて5両が登場している。

最初に登場したのは日車製ではなく川崎が製造したキニ10で、1935年4月出場になっている。翌5月には日本車輌が製造したキニ9が出場したが、これは書類上でのことで、実際にはどの順番で江若鉄道に引き渡されたかは今となっては不明だ。エンジンは2年後に登場するキニ11～13を含めてGMF13となっている。キニ9は戦時中に代燃として天然ガス動車に改造されている。また川崎車輌製のキニ10は調子が悪か

ハフ8を従えて走るC10形キニ10。C10形はC9形のメーカー違いで川崎車輌製であるが、不調だったのか1963(昭和38)年に客車化されハニフ10となった(39頁参照)。
1958年　滋賀付近　P：高橋　弘

晩年の塗色に改められたC9形キニ９。かつては埋込式であった前照灯が取付式に改められている。　1966.7.20　三井寺下　P：高橋　弘

ったようで、戦時下の代燃改造の対象からは漏れていた。それ以外の車両は敗戦後も代燃で使用されたが、キニ９は1946（昭和21）年に天然ガス装置を撤去して木炭代燃化されている。また1948（昭和23）年頃からエンジンの積み替えが開始されDA54に変更されている。このエンジンは日野製のディーゼルエンジンで従来搭載していたガソリンエンジンより大型だったために室内に約50～80mmの出っ張りが出てしまった。しかしDA54エンジンを搭載したのも一時期で、1952（昭和27）年頃からはDMH17Bに再換装されている。

エンジン積替え後は1960（昭和35）年にキニ12が車体更新を受けC-25Sキハ12に改造、キニ10が1963（昭和38）年にエンジンを降ろして客車化されハニフ10になった後、1966（昭和41）年に総括制御編成の中間車C-22ハ5010に改造されている。

他の３両は、キニ９と13が廃線直前頃にシールドビーム改造が行われている以外は大きく改造されず、廃線を迎えキニ13がキハ12とともに岡山臨港鉄道に譲渡されている。

最晩年のC9形キニ13。前照灯が埋込式のシールドビームのものに交換されている。　1969.10.26　浜大津　P：高橋　弘

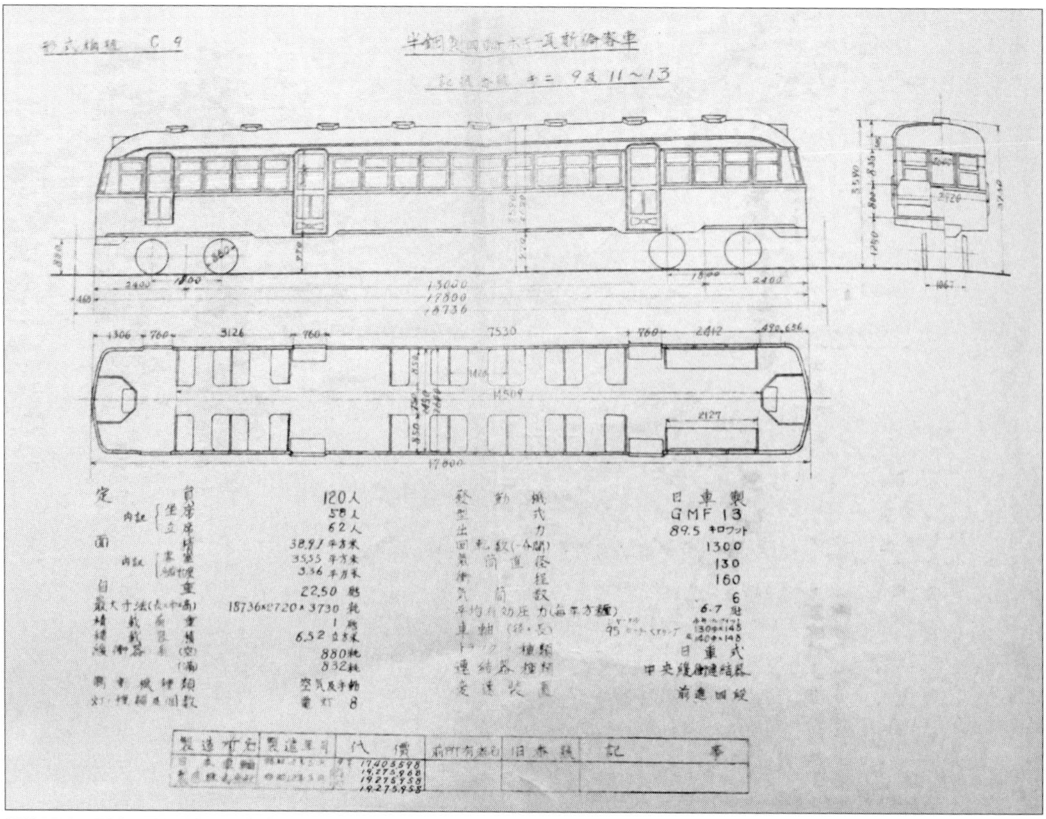

■車両竣工図表　半鋼製四輪ボギー瓦斯倫客車　記号番号キニ９及11 ～ 13

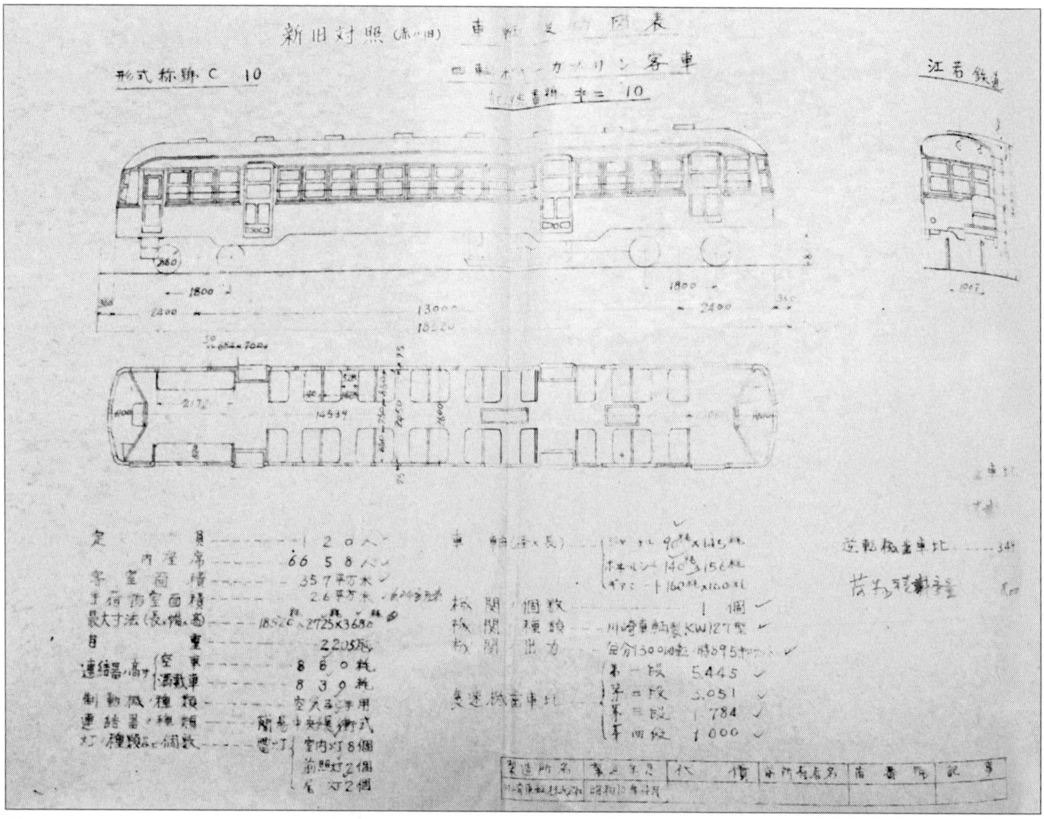

■車両竣工図表　半鋼製四輪ボギー瓦斯倫客車　記号番号キニ10

野上電気鉄道デハ22。善光寺白馬電鉄から江若鉄道に譲渡されたC11形初代キハ14が前身で、1946(昭和21)年に廃車され、野上電鉄に譲渡された。
1952.2.24　日方　P：高橋　弘

■C11(キハ14-Ⅰ)

キニ13以降の増備は1963(昭和38)年に新造されたキハ30までオリジナルの車両は製造されず、譲渡車ばかりであった。キハ14-Ⅰは1944(昭和19)年に善光寺白馬電鉄から譲渡されたガソリンカーであったが、2年後の1946(昭和21)年には和歌山の野上電気鉄道に再譲渡されている。

■C12(キハ15-Ⅰ)

キハ15もキハ14とほぼ同時期の1944(昭和19)年に成田鉄道から転属してきたガソリンカーで、元は雨宮製作所が1927(昭和2)年に製造した2軸車であった。1932(昭和7)年時点で片ボギーに改造され、江若鉄道に譲渡されている。

1950(昭和25)年にエンジンを降ろして客車化されハユフ15となったほか、1953(昭和28)年には単軸で残っていた方の台車を改造しボギー車に、1959(昭和34)年には郵便室が撤去されハフ2となり、廃線まで活躍した。ハフ2となった晩年の姿は37頁を参照。

片ボギーの郵便合造客車ハユフ15。成田鉄道から江若鉄道に譲渡されたC12形初代キハ15を1950(昭和25)年に客車化したもの。
1949年　三井寺下　P：高橋　弘

C14形４両は国鉄から譲渡された元キハ41000形。キハ16は吹田区で廃車となったキハ41044(日車製)を1950(昭和25)年に譲り受けた車両。
浜大津　P：井上文雄

■C14(キハ14-Ⅱ・15-Ⅱ・16・17)

1950～52(昭和25～27)年にかけて国鉄から払い下げを受けたキハ41000形が元で、1933～35(昭和８～10年)にかけて製造された車両である。エンジンは江若鉄道に譲渡された時には日野DA55であったが、後に16はDA58に、その他はDA59Aに換装されている。

17は1966(昭和41)年にお座敷気動車に改造されたが、一般営業運転時に使いにくかったようで他のC14より先に廃車されている。残った３両は廃線時まで活躍の後、16のみ御坊臨港鉄道(紀州鉄道)に譲渡されている。

C14形キハ15は姫路区で廃車となったキハ41023(川車製)を1950(昭和25)年に譲り受けた車両。　1951年　国鉄膳所　P：高橋　弘

C14形キハ17は廃車となったキハ41105(川車製)を1953(昭和28)年に譲り受けた車両。この写真の後、1966(昭和41)年にお座敷気動車に改造された。
1953.1.14　三井寺下　P：高橋　弘

C14形キハ15の晩年時の塗色。最後までキハ41000形の原形を保った外観で使用された。　1966.7.20　三井寺下　P：高橋　弘

お座敷車に改造されたキハ17の室内。
1968.9.28　三井寺下　P：藤本哲男

C18形は国鉄キハ42000(→キハ07)形を譲り受けた車両。キハ20は大垣区で廃車となったキハ07 24←キハ42058(日車製)を1959(昭和34)年に譲り受けたもの。　1961年　三井寺下　P：大西　卓

■C18(キハ18・20・21・22・23・24)

C18は元鉄道省のキハ42000形である。

18はこのタイプの気動車としては最初に江若鉄道に払い下げされた車両であった。1948(昭和23)年に事故廃車された日車製キハ42054を自社で修復して1953(昭和28)年に竣工している。エンジンはDMH17Bで、1960(昭和35)年にはトルコン改造されている。1966(昭和41)年には総括改造され今津側の運転台が撤去され片運転台となり、形式もC28SMキハ5121に変更されている。

20は1936(昭和11)年日車製キハ42047で、1959(昭和34)年に大垣電車区で廃車後江若に払い下げされている。扉がプレスドアだったのが特徴であった。

21は1936年日車製キハ42050で、1960(昭和35)年に岡山機関区で廃車後、江若に払い下げられている。

22は1936年川崎製キハ42500で、1961(昭和36)年に遠江二俣機関区で廃車後、江若に払い下げられている。エンジンがDA59A-2であった。

23は1936年川崎製キハ42501で、1963(昭和38)年に遠江二俣機関区で廃車後に江若に払い下げられている。江若に入線後一時期エンジンが降ろされ、キサハ状態で使用されていた頃がある。

24は1937(昭和12)年川崎製キハ42023で、1962(昭和37)年に大垣電車区で廃車後、1964(昭和39)年に払い下げを受けた。エンジンはDA59Aを搭載していた。入線後翌年の1965(昭和40)年に総括制御車に改造されたほか前面の形状が湾曲6枚窓からほぼ平面に改造され、貫通扉が取り付けられた。形式変更は1966(昭和41)年で、C29Mキハ5124となった(28頁参照)。

C18形キハ23。遠江二俣区で廃車となったキハ07 2←キハ42501(川車製)を1964(昭和39)年に譲り受けた車両。
1969.10.30　三井寺下　P：高橋　弘

C19形キハ19。一連のキハ42000形の中で唯一長門鉄道を経て入線した車両で、長門鉄道時代にロングシート改造が施されていた。床下にトラス棒が設置されている。
1961年　P：大西　卓

■C19(キハ19)

キハ42000タイプで唯一形式が異なっていたのが19であった。19は元国鉄キハ42000形であったが、一旦長門鉄道に払い下げを行ってから同鉄道が廃線後1956(昭和31)年5月に江若鉄道へ転入してきている。長門鉄道時代にロングシート改造が施されており、窓に保護棒が設置されていた。

1965(昭和40)年12月に総括制御に改造され、浜大津側の運転台が撤去され片運転台となった。形式もL29SMキハ5122に変更されている。

■C25S(キハ12)←元C9キニ12

一連の「びわこ顔」のC9キニ12が1960(昭和35)年に大鉄車輌で車体更新された車両。骨格以外はほぼ造り変えが行われ、客室窓はバス窓タイプとなってシル・ヘッダーはなくなり、荷物室も撤去されてキニからキハに変更されている。形式はC25Sと、単独のものが与えられた。廃線後はキニ13とともに岡山臨港鉄道に譲渡されている。

C25S形キハ12。C9形キニ12を車体更新した車両で、廃線後はキニ13とともに岡山臨港鉄道に譲渡された。
1966.7.20　三井寺下　P：高橋　弘

キハ50形キハ51。52とともに熊延鉄道から譲渡されてきた車両で、戦後製ながら他社に譲渡されることなく廃車となった。
1969.11.1　三井寺下　P：高橋　弘

■キハ50形(51・52)

キハ50形51と52は、1964(昭和39)年に九州の熊延鉄道(同年廃止)から譲渡されてきた車両であった。1954(昭和29)年に帝国車輌で製造されたヂハ201と202で、当時の流行であった湘南顔をした車両であった。室内はロングシートで、エンジンはDMH17のTC-2変速機であったが総括制御はできなかった。

江若での廃線後、車齢は若かったものの結局買い手が現れずに廃車解体されてしまった。なおこの車両は製造当初から江若での末期塗装となる国鉄交直急行電車色で登場している。

総括制御改造車(６両)

■C29M総括制御(キハ5120・5124)

C29Mは形式的には２両存在したが、各々別の経歴を持つ車両であった。

キハ5120は江若鉄道で最後に登場した、C9以来となる新造車で、1963(昭和38)年７月に大鉄車輌で製造された。台車(TR29)とエンジン(DA59A)は中古品を使っている。製造時はキハ30と呼ばれ総括制御はできなかったが、1966(昭和41)年に改造されキハ5120に変更されている。廃車後は関東鉄道に譲渡さ

江若鉄道では戦後唯一の新造車両となる1963(昭和38)年製のキハ30。後に総括制御車キハ5120に改造された。
1964年　三井寺下
P：今井健夫(山内　祐所蔵)

れ、キハ511として筑波線（後の筑波鉄道）で使用された。

キハ5124はC18キハ24を総括制御に改造した車両で、1966（昭和41）年に登場している。シールドビームヘッドライトが前面の幕板部分に２個取り付けられていたのが特徴で、２灯ライトは末期に改造されたキニ２両以外では総括制御ができる車両の特徴であった。江若の廃線後は北陸の加越能鉄道に譲渡されたがその３年後には譲渡先が廃線となり、関東鉄道に再譲渡されている。

関東鉄道に譲渡されキハ511とされた元キハ5120（←キハ30）。
1971.11.28　上大島—酒寄　P：西村　光

キハ30を改造した総括制御車C29M形キハ5120。晩年は主に中間車として使用され、廃線後は関東鉄道常総線を経て最後は筑波鉄道で使用された。
1969.10.30　三井寺下　P：高橋　弘

側面窓配置に国鉄キハ07形の面影を残す総括制御車C29M形キハ5124（先頭）。C18形キハ24が前身で、廃線後は加越能鉄道を経て関東鉄道キハ551となった。
1966.7.20　白鬚　P：高橋　弘

総括制御車C25M形キハ5123は、C6形キニ６を種車とした改造車。廃線後は関東鉄道に譲渡され、車体更新をされながらも龍ヶ崎線キハ531として2001(平成13)年まで在籍した。
1969.10.30　三井寺下　P：高橋　弘

■C25M総括制御(キハ5123)

1931(昭和６)年にC6キニ６として登場した川崎製の気動車を1966(昭和41)年に総括制御改造された車両。改造当初はキハ19改造のキハ5121と連結されて使われていたが、DTD編成(キハ5121＋ハ5010＋キハ5122)が揃った時点で他の総括制御車との連結運転がされるようになった。

登場時から最初の改造まで評判の良くなかった気動車ではあったが、結局江若鉄道での登場時から廃線を経て関東鉄道への譲渡後も含め、動力車として最も長期に亘って活躍を続けた車両であった。

■C28M+C22M+L29SM総括制御(キハ5121＋ハ5010＋キハ5122)

江若鉄道の代表編成となっていたDTD編成であった。キハ5121とキハ5122は元のキハ42000形の流線形前面を生かした改造で、編成美が整うように改造されていたのが特徴であった。３両の改造が完了してからは快速「ひら」号などの優等列車で使われることが多かった。また夏の多客時は他の車両も連結して長編成で使用される事もあった。

江若鉄道廃線後は３両編成でそのまま関東鉄道に譲渡されている。

キニ６以来のクロスシートが並ぶキハ5123の室内。
1969.10.2　P：高橋　弘

総括制御車キハ5121を先頭にした３両編成。両端を元キハ42000形由来の流線形前面とした、外観の整った貫通編成。
浜大津　P：高橋　弘

中間付随車ハ5010。製造時は「びわこ顔」を持つキニ10であったが、エンジンを降ろしハニフ10となった後、両側が貫通化されて完全な中間車とされた。
1969.10.26　浜大津　P：高橋　弘

中央がクロスシート、両端がロングシートとなったハ5010の室内。
1969.10.2　P：高橋　弘

長門鉄道時代にロングシート改造を行われていたキハ5122の室内。
1969.10.2　P：高橋　弘

木炭代燃改造が施されたC4形キニ４。　1948年　浜大津　P：高橋　弘

Column　代用燃料

江若鉄道の無煙化は1931（昭和６）年２月に導入されたガソリンカーから始まる。気動車として初めて登場したガソリンカーは３両（１～３）であった。製造は川崎車輌で、２両は前面が曲面となったスタイル、１両は平面と３両で形態が異なっていた。なお、製造年は前年の1930（昭和５）年になっているが、実際に認可されたのは近江今津まで全通した1931（昭和６）年のことであった。その後同年８月、日車製の大型気動車が２両（４・５）と川崎製の６が導入されている。

ここまでの６両がガソリンカーで、1932（昭和７）年に登場した７・８はメルセデスのエンジンを搭載したディーゼルカーで製造されている。しかし、このディーゼルカーはあまり調子が良くなかったようで、その後に登場する、江若鉄道の戦前の顔となった日車通称「びわこ顔」のキニシリーズ（９～13）はガソリンカーで登場している。気動車は他社からの譲渡車２両（14・15）を含めガソリンカー・ディーゼルカー合わせて15両が使用されたが、ディーゼルカーの２両は1939（昭和14）年にはエンジンを降ろしてしまい、付随車化されている。残ったのはすべてガソリンカーで

C4形キニ４の反対側前面。
1948年　三井寺下
P：高橋　弘

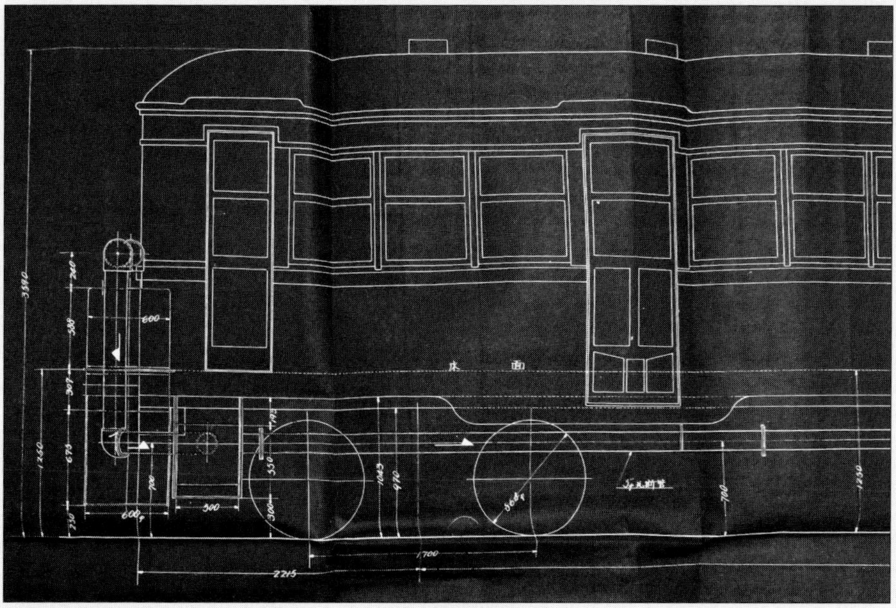

■鉄道用木炭瓦斯発生機 取付装置図(キハ４・５)装置部側面拡大

あった。

そんな江若鉄道の気動車事情であったが、1941(昭和16)年８月の石油全面禁輸で段階的に配給量が減らされ、ガソリンのアルコール混入なども行われたが、９月には民間会社に対するガソリン配給は停止されてしまった。

そのような事情から江若鉄道でもガソリンに代わる代燃政策が計画された。1941(昭和16)年６月にまずキニ４と５に対して設計変更が申請され、９月に認可されている。改造費は２両で4,660円が計上されている。また改造されたキニ４は全長が18,150mmから18,400mmに延長され、重量も850kg増加している。10月に入り改造を終えた車両の試験が開始されたが、ガソリン燃料時代ならセルモーターですぐにかかったエンジンも、代燃になったことでエンジン始動には13分半ほどの時間がかかるようになったそうである。

なお、機関は「ガソリン切り替え器なし」と監査復命書に記載があることから100％代燃車であったことがわかる。ちなみに代燃とガソリンなどの価格比較をす

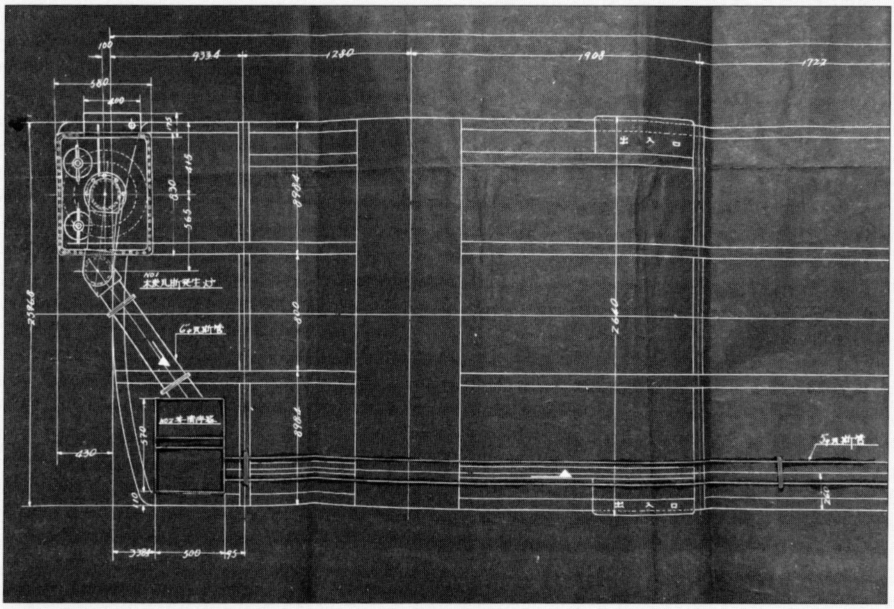

■鉄道用木炭瓦斯発生機 取付装置図(キハ４・５)装置部平面拡大

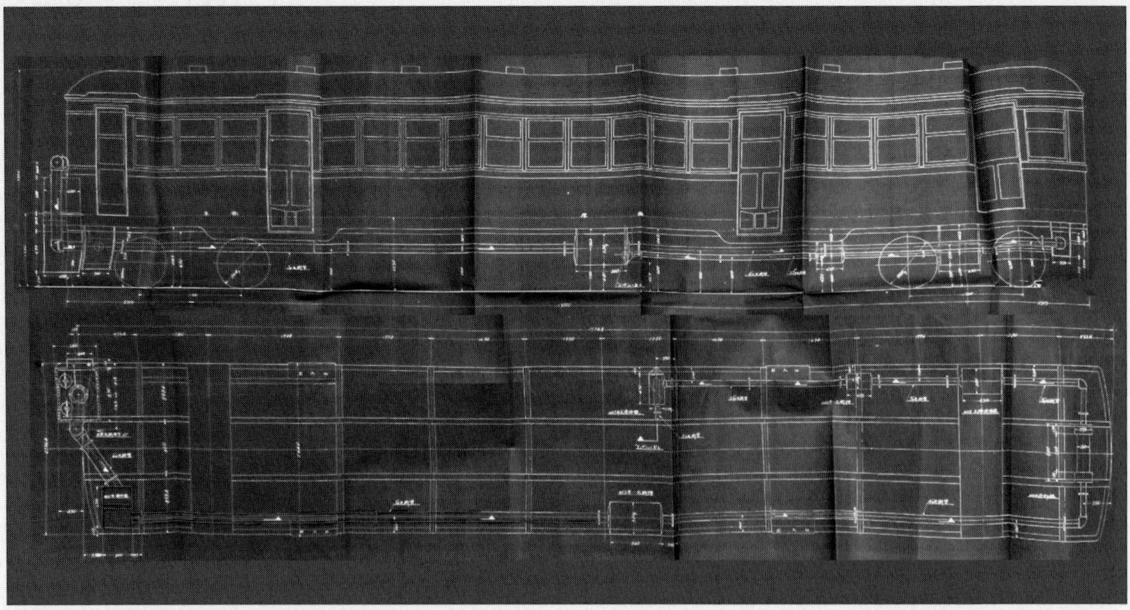

■鉄道用木炭瓦斯発生機 取付装置図（キハ４・５）

ると、ガソリンが8.4kgで6.97円に対して代燃の燃料となる木炭は59kg10.62円で約1.52倍であった。

キニ４・５に続いてキニ３、キニ11～13が1941（昭和16）年中に代燃改造されている。代燃機関はキニ11のみ福田自動車製で、その他は大阪代燃工業製であった。代燃装置を設置するために車体延長工事が行われたが、室内にも装置が入り込んだ関係で、改造された車両は荷室の面積が若干減少してしまった。

代燃化の対象にならなかった車両としては、先のディーゼルカー以外ではキニ１・２、キニ10が挙げられる。このキニ１・２の２両は登場時から調子がいまひとつ思わしくなく、1938（昭和13）年にはすでに譲渡対象とされ紀州の御坊臨海鉄道などに１両15,000円で売り込みがかけられていた。しかし、戦況の悪化から譲渡話は立ち消えとなり、戦後まで江若鉄道で使われたものの付随車として使用されていたようである。一方、「びわこ顔」で登場したもののメーカーがキニ１・２と同じ川崎製であったキニ10は、代燃化されずに付随車化された。江若鉄道の川崎製の気動車は不遇であったようだ。

残りのキニ９は代燃改造化されたが、天然ガス動力車に改造されている。天然ガス動力車は木炭の代燃動車とほぼ同時期に申請されており、1942（昭和17）年に鉄道時報に記事が掲載されている。申請は1942年12月で翌1943年２月に許可され改造されている。改造内容としてはガソリンタンクを撤去して、ガスボン

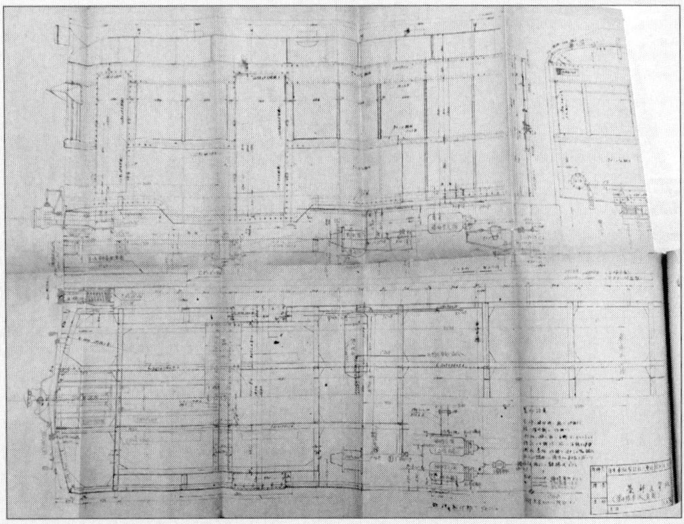

■基枠及骨組（第４号車改造図）

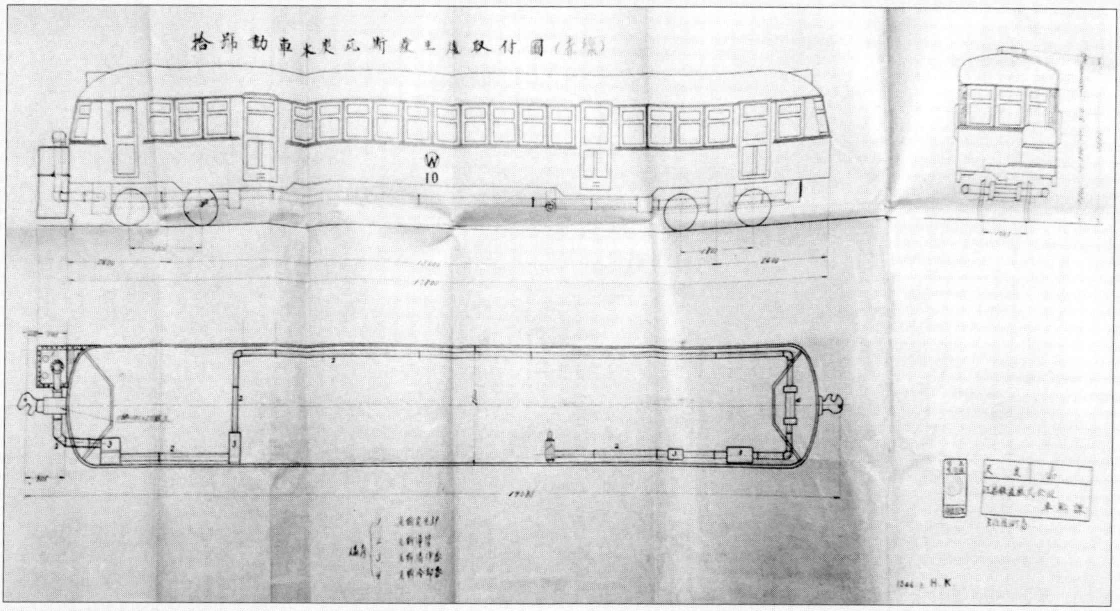

■10号動車木炭瓦斯発生炉取付図

べとガス発生装置（梁瀬式隔膜型圧縮ガス装置）が搭載されている。工事費は木炭代燃装置より高く、6,300円が計上されている。

なお天然ガス車導入に伴い、江若鉄道では琵琶湖天然ガス株式会社の株式を200株購入、出資している。天然ガス事業は商工省地質調査所分析によると草津近辺産出ガスで、メタンガス81.89％、窒素12.22％、その他5,89％で熱量は8,100Ｋcalだったそうだ。

竣工の監査は三井寺下～和邇間18.3kmで行われ、上り5,600ℓ、下り6,800ℓで１kmあたりの上りは16.8銭、下り20.4銭であった。天然ガスの流通は未成熟で当時の輸送・備蓄・車両への搭載に難があるため、天然ガス代燃車の使用は浜大津～和邇間のみでの使用に制限された。ちなみに全国で天然ガス車を使用したのは小湊鉄道、九十九里鉄道、長岡鉄道、横荘鉄道のほか、国鉄でも短期間であったがキハ41200、キハ42200が改造された実績がある。

戦後は木炭代燃に改造されなかったキニ９とキニ10にも木炭代燃改造が施されている。天然ガス車に改造されたキニ９は、1946（昭和21）年５月に天然ガスの入手が困難になったために木炭代燃機関に改造の申請が行われ、1947年７月に認可され改造されている。こうして天然ガス車は戦時中と戦後の短期間のみの使用で終わった。

キニ10は1947（昭和22）年１月に改造申請され10月に認可が下り改造されている。なお先に木炭代燃改造されていたキニ12とキニ13は、1946（昭和21）年に代燃炉の交換工事が施されたようである。

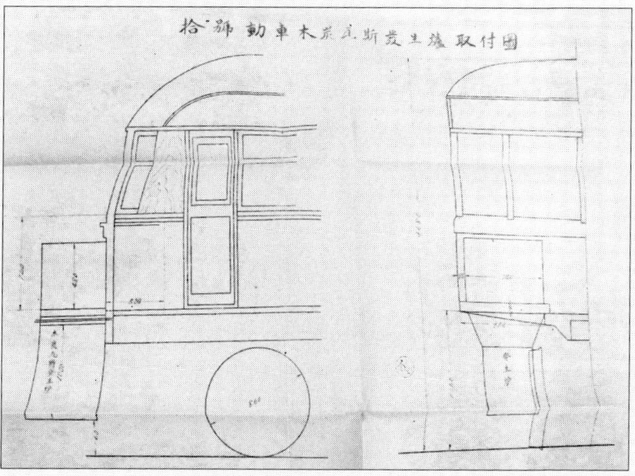

■10号動車木炭瓦斯発生炉取付図（側面拡大）

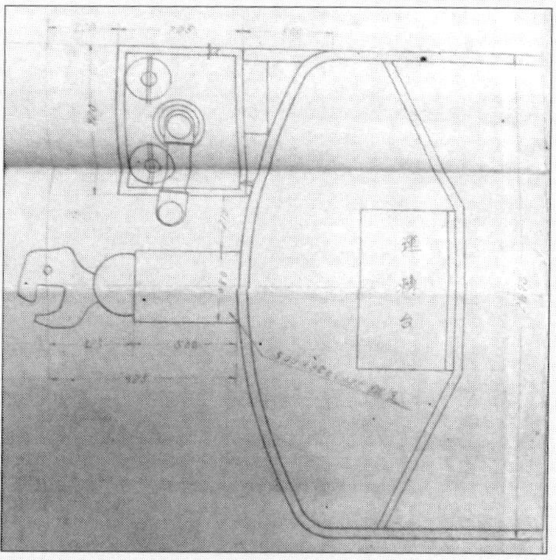

■10号動車木炭瓦斯発生炉取付図（上面拡大）

三井寺下の車庫に置かれた木造客車ハ11(二代目)の廃車体。元播丹鉄道の客車が国有化に際し転属したもの。
1951年　三井寺下
P：高橋　弘

(4) 客車

■ハ1(ハ1～6)

江若鉄道が開業に合わせて新造した車両。ハ1と2が1921(大正10)年2月枝光鉄工場製で、残りが1921年10月服部製造所製造。戦後1946(昭和21)年まで残ったのはハ3と6の2両のみで、他は1935(昭和10)年から翌年の間に廃車されている。

■ハ7(ハ7～10)

鉄道省からの払い下げ車両で1926(昭和元)年に転入。元は1894～1900(明治27～33)年に製造された車両で、最後に廃車された車両は1946(昭和21)年のハ10。

■ハ11(11～15)

ハ7とともにハ11～13が1926(昭和元)年に鉄道省より転入。14～15は1928(昭和3)年に転入。製造は1895(明治28)～1900(明治33)年にかけて山陽兵庫工場製。1936(昭和11)～1938(昭和13)年にかけて廃車されている。

■ロハ1(ロハ1・2)

江若鉄道が開業時に用意した2等・3等の合造車。枝光鉄工場製造。1932(昭和7)年6月に2等部分を改造して3等車に格下げされ、ハ16・17に形式・車番変更されている。ハ16は1946(昭和21)年に、ハ17は1936(昭和11)年に廃車されている。

■ロハ3(ロハ3～4)

ロハ3は鉄道省からの払い下げ車両。2等・3等の合造車両。3は1894(明治27)年、4は1903(明治36)年に製造されている。江若鉄道には1926(昭和元)年に転入。その後ロハ3のみが1932(昭和7)年に2等部分を撤去し、ハ18に改造されている。廃車は改造された18が1936(昭和11)年、ロハ4が1935(昭和10)年。

■ハ11-Ⅱ(ハ11～13)

ハ11-Ⅱは1944(昭和19)年に国有化された播丹鉄道から転入した車両。播丹鉄道時代の形式はロハ11で、1922(大正11)年梅鉢工場製であった。江若で使用された期間は短く、3両ともに1949(昭和24)年には廃車されている。

■ハフ1(ハフ1～2)

江若鉄道がハ1とともに開業時に投入した緩急車。枝光鉄工場製で2両が製造されている。廃車は2が1936(昭和11)年、1が1938(昭和13)年と比較的早くに姿を消している。

■ハフ3(ハフ3～4)

鉄道省からの払い下げ車両で、元は明治30年代に東京平岡工場で製造された車両。江若鉄道には1926(昭和元)年に払い下げられたが、昭和10年代前半に2両とも廃車されている。

■ハフ5(ハフ5～6)

ハフ3形とともに鉄道省より払い下げを受けた車両。製造も同じ明治30年代の東京平岡工場。廃車は5が1935(昭和10)年、6が戦後まで残ったが1946(昭和21)年に廃車されている。

片ボギー式の郵便合造客車ハユフ15。成田鉄道から譲渡された初代キハ15を1950(昭和25)年に客車化した車両。
1951年　三井寺下　P：高橋　弘

■ハフ1-Ⅱ(ハフ1・2)→ハユフ1(ハユフ1・2)

1942(昭和17)年に帝国車輌で製造された客車で、1948(昭和23)年に2両ともにハユフ1・2に改造されたが、1951(昭和26)年に廃車されている。

■ニ1(ニ1・2)→ユニ1(ユニ1・2)

車歴不明の車両。鉄道省からの払い下げ車両という以外は払い下げ時期並びにニからユニへの改造および廃車時期すべて不明。

■ニ1-Ⅱ(ニ1～3)

鉄道省からの払い下げ車両。3両すべてが明治30年代に製造された車両で、1929(昭和4)年に払い下げを受けている。廃車は早く1935(昭和10)年であった。

■ハユフ15(ハユフ15)→ハフ2-Ⅲ

ハユフ15からハフ2-Ⅲになった車両は1944(昭和19)年に元成田鉄道から転属してきた片ボギーのガソリンカー、キハ15である。客車化は1951(昭和26)年で、廃線時まで活躍した。

ハユフ15は後に片ボギーからボギー車へ、また側窓も一段下降式から二段上昇式へと改造されている。
1957.8.12　浜大津　P：高橋　弘

郵便合造車から全室の旅客車に改造され、ハフ2(三代目)へと改番されたハユフ15。
1969.9.18　三井寺下　P：高橋　弘

ハフ２(四代目)はキハ19とともに長門鉄道からの譲渡車。写真は廃車後に休憩室として使用されているところ。
1961年　三井寺下　P：大西　卓

ハフ３の室内。ロングシートで手ブレーキハンドルが設置されている。
1969.10.30　P：高橋　弘

1931(昭和６)年製のC3形キニ３を客車化したハフ３。２段窓化される前の1951年当時の姿は16ページ参照。
1969.10.30　浜大津
P：高橋　弘

初期のディーゼル動車であるC7形キニ７を客車化したハフ7。
1953.1.14　三井寺下
P：高橋　弘

■ハフ２-Ⅳ(ハフ２)

長門鉄道から転入してきた車両で、元はキコハ１。1956(昭和31)年に転入してきているが1958(昭和33)年時点で休車となり、三井寺下車庫内で職員の休憩所などで使用されていた。

■ハフ３-Ⅱ(ハフ３)

元は江若鉄道が導入したキニ３ガソリンカーを1950(昭和25)年に客車化した車両。1969(昭和44)年の廃線時まで在籍していた。

■ハフ7(ハフ７・８)

1932(昭和７)年に江若鉄道に導入されたディーゼル気動車(キニ７・８)のエンジンを降ろし、1941(昭和16)年に客車化した車両。形式はキニからハフになったが車番はそのまま引き継がれている。廃線時まで客車として使用された。

ハフ７の晩年の姿。　1969.10.2　三井寺下　P：高橋　弘

C7形キニ８を客車化したハフ８の晩年の姿。
1966.7.20　三井寺下　P：高橋　弘

現在のJR加古川線の前身、播丹鉄道で蒸気動車として製造された車両がルーツとなっているホハユニ201。播丹鉄道時代に客車化改造された後に江若へ入線した。　1947年　三井寺下
P：高橋　弘

■ハニフ10（ハニフ10）

「びわこ顔」を持つ車両であったが、元祖の日本車輌製ではなく川崎車輌製であったキニ10を客車化した車両。1963（昭和38）年に車体はそのままで客車化されたが、1966（昭和41）年に貫通化改造が行われ、総括制御が可能なキハ5121とキハ5122の中間車ハ5010となり廃線時まで活躍した。

■ホハユニ201（ホハユニ201 ～ 202）元蒸気動車

1917（大正６）年に播丹鉄道で製造された蒸気動車であったが、同鉄道の内燃機関化が進められた際に客車化されている。1944（昭和19）年に播丹鉄道国有化に際して江若鉄道に払い下げられている。

江若鉄道に転籍してからは、202は２年後の1946（昭和21）年に、201は1949（昭和24）年に廃車されている。

川車製のC10形キニ10を客車化したハニフ10。この後に両妻面とも貫通化改造を行い、総括制御編成の付随車ハ5010となった。
1964年　浜大津　P：今井健夫（山内　祐 所蔵）

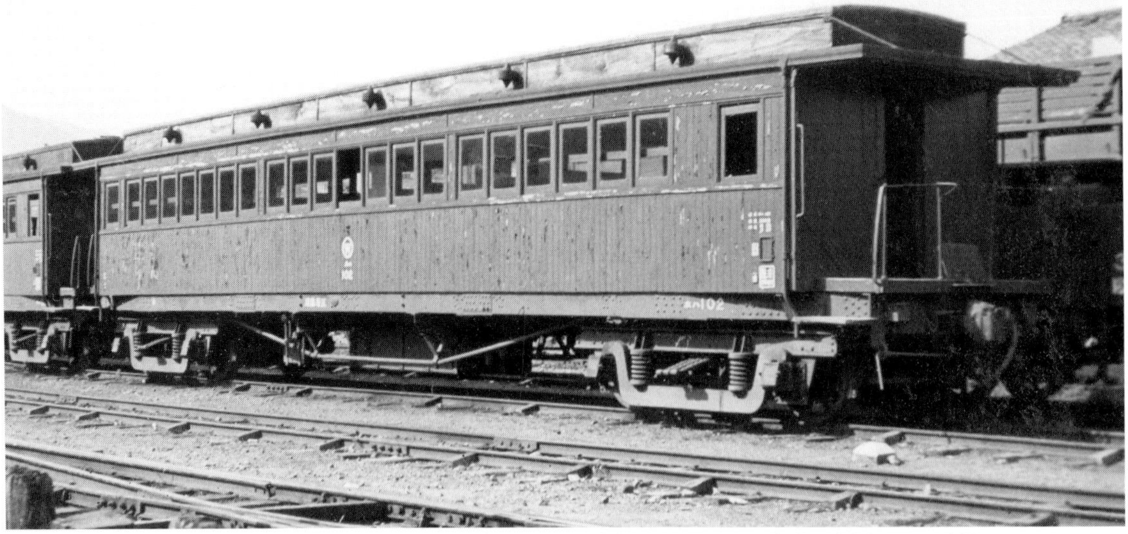

関西鉄道から鉄道省を経て譲渡されたダブルルーフのオープンデッキ木造客車ホハ102。元関西鉄道の譲渡車は４両が導入された。
1954年　三井寺下　P：高橋　弘

ホハ101・102と同形車ながら細部に違いが見出される木造客車ホハ103。
1957.8.12　堅田　P：高橋　弘

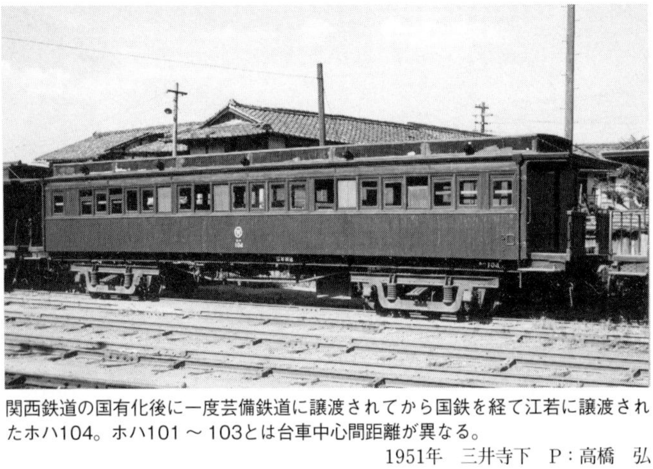

関西鉄道の国有化後に一度芸備鉄道に譲渡されてから国鉄を経て江若に譲渡されたホハ104。ホハ101 ～ 103とは台車中心間距離が異なる。
1951年　三井寺下　P：高橋　弘

■ホハ101（ホハ101 ～ 104）

1907（明治40）年に国有化された元関西鉄道の木造客車４両であるが、101 ～ 103と104では入線時期などが異なっている。

101 ～ 103は1937（昭和12）年に鉄道省から払い下げを受けている。104は1941（昭和16）年に鉄道省から払い下げを受けているが、関西鉄道から国有化を経て一旦芸備鉄道に払い下げをしている。芸備鉄道の国有化により再度鉄道省の所属となったが、車籍は復活することなく保留車となっていた。先に払い下げを受けていた101 ～ 103と同じく元関西鉄道の木造客車で同じような外観であったが、製造年の違いからか台枠・台車間ホイールベース長が異なっていた。

戦後の1950（昭和25）年に台車がTR11に振り替えられ、101が1955（昭和30）年に廃車されたほか、102が1960（昭和35）年にナハ1959、103が1958（昭和33）年にナハ1958、104が1957（昭和32）年にナハ1957にそれぞれ車籍を譲って廃車されている。

■ナハ→オハ1900(オハ1957)

1957(昭和32)年にホハ104から鋼体化改造された客車。一連の元関西鉄道の木造客車ホハ101形4両の改造車のなかでも試作要素の強い車両であった。台枠と台車は元ホハ104のものを使用している。なお、オハ1957～1960の4両は廃線時まで使用された。

■ナハ→オハ1910(オハ1958・1959)

オハ1958は1958(昭和33)年にホハ103から改造。近江今津側が非貫通で乗務員室が設置されていた。室内はクロスシートに変更されている。

オハ1959は1960(昭和35)年にホハ102の台枠と台車を使用して改造されている。1958とは逆に浜大津側が非貫通の乗務員室付の車両となっていた。

計画ではオハ1958～1960にエンジンを取り付け、総括制御が可能な気動車に改造する計画もあったそうで、そのために運転台として使えるよう乗務員室が設置されたそうだが、計画倒れで終わっている。

1957年にホハ104を鋼体化改造したオハ1957。オーバーハングの大きさに種車の特徴が表れている。 1957.8.12 三井寺下 P：高橋 弘

片側非貫通のオハ1959。将来の気動車化も視野に入れ、乗務員室が設置されていた。 1961年 三井寺下 P：大西 卓

■オハ1960(オハ1960)

1961(昭和36)年に一連のオハ1900シリーズで最後に登場したのはホハ101の台枠と近鉄名古屋線改軌で不要となったK-67を使った1960で、唯一種車の名義を引き継いでいない。台枠は1955(昭和30)年に廃車となったホハ101のものを使用している。貫通扉が両側に取り付けられ、クロスシートとなったスタイルはオハ1910と同じである。製造は大鉄車輌工業

なお1960以外の3両は、1961(昭和36)年にオハに形式変更されるまではナハであった。

■オハ27(オハ2763～2765)

オハ27は国鉄より払い下げられた車両。元はオロ31として1928(昭和3)年に登場した車両で、その後格下げ時にオハ27に形式変更の後、1964(昭和39)年8月に払い下げを受けている。

2763と2765は江若鉄道払い下げ後に洗面所を撤去して車掌室を設置している。またトイレも撤去され、その跡にはロングシートを設置している。2764はトイレ・洗面所ともに撤去されロングシートが設置された。なお、車両限界の関係から入線後に窓に保護棒が取り付けられた。

国鉄オロ31形の格下げ車オハ27形を譲り受けたオハ2765。緑色に塗られ夏場の湖水浴列車などに用いられた。
1966.8 三井寺下 P：高橋 弘

木造有蓋車ワ２。創業間もない1923年製の新造車。
1969.11.1　三井寺下　P：藤本哲男

木造有蓋車ワ102。戦後に鉄道省から譲渡された車両。
1965.8.13　三井寺下　P：藤本哲男

(5) 貨車

廃線時に使用されていた貨車は４両で、形式はト１、トム306、ワフ280、ワフ450であった。

その他使用はされていなかったが、在籍していた車両が８両（ト200、ト202、ワ２、ワ７、ワ105、ワム11、ワム12、ワム13）で、廃線時の在籍車両は合計で12両の布陣であった。

■ワ1（ワ1～7）

ワ1は、1924（大正13）年に登場させたオリジナル車両と旧鉄道省からの払い下げ車に分かれる。ワ１・２が1923（大正12）年に加藤製作所により製造された新造車、ワ３～７が1931（昭和６）年に鉄道省からの払い下げを受けて登場している。

■ワ100（ワ100～105）

ワ100は1949（昭和24）年に鉄道省から払い下げを受けた車両である。

■ワ150（ワ150～152）

ワ150はワ100と同時に旧鉄道省より払い下げを受けた車両である。

■ワム11（ワム11～13）

ワ1と同時期に江若鉄道が日本車輌にて製造した木造有蓋車であったが、1949（昭和24）年に12と13が、1954（昭和29）年に11が鋼体化改造を施されている。

■ワフ1（ワフ1～2）

江若鉄道が開通時に投入した車両で、２両存在した。２両とも1920（大正９）年に枝光鉄工所で製造されている。

■ワフ3（ワフ3～4）

ワフ3の２両は鉄道省から1928（昭和３）年に払い下げを受けた車両。製造は日本車輌で、1925（大正14）年の製造。

■ワフ400（ワフ400）

戦後1949（昭和24）年に鉄道省からの払い下げ車両。払い下げ前の形式、製造年、製造所は不明で払い下げ後３年後の1952（昭和27）年には廃車されていることから、状態は良くなかったものと思われる。

■ワフ450（ワフ450～451）

ワフ400とともに1949（昭和24）年に鉄道省より払い

木造有蓋車ワ150。　1966.2.16　三井寺下　P：藤本哲男

鋼製有蓋車ワム11。木造車だったものが1954年に鋼体化改造が施されている。
1969.10.10　三井寺下　P：藤本哲男

鋼製有蓋車ワム13。1949年に鋼体化改造された車両は国鉄ワム20000やスム１と類似の外観となっている。
1969.10.10　三井寺下　P：藤本哲男

下げされた車両。451はワフ400とともに1952(昭和27)年頃に廃車されたが、450は廃線時まで在籍していた。

■ワフ280(ワフ280)

ワフ280も鉄道省からの払い下げ車両。製造は1944(昭和19)年汽車会社。貨車としては末期になる1962(昭和37)年９月に払い下げを受けている。廃線時まで生き残った貨車の１両。

■ト1(ト1～2)

ワフ１とともに江若では最も古い車両として活躍。1921(大正10)年服部製作所製造で１は廃線時まで活躍。２は1957(昭和32)年に三岐鉄道へ転出している。

■ト21(ト21～23)

鉄道省からの払い下げ車両で、21～22は新橋工場製1885～86(明治18～19)年製造、23は山陽工場製。1921(大正10)年に払い下げを受けたが、1948(昭和23)年に廃車されている。

■ト31(ト31～33)

鉄道省からの払い下げ車両。1898(明治31)年ドイツのバンデルチーベン社製造の貨車で、江若登場時はフト１～３であった。1928(昭和３)年11月に形式変

木造有蓋緩急車ワフ280。国鉄からの譲渡車両。
1969.10.24　三井寺下　P：藤本哲男

木造有蓋緩急車ワフ450。国鉄からの譲渡車両。
1965.8.13　三井寺下　P：藤本哲男

更されト31になっている。1946(昭和21)年に廃車されている。

■ト41(ト41)

略歴不明の車両。

■ト200(ト200～207)

鉄道省からの払い下げ車両。製造年、製造所は不明。1949(昭和24)年に江若鉄道に払い下げられている。200と202が廃線時まで在籍していた。207は1955(昭和30)年に三岐鉄道に転出している。

■ト250(ト250～251)

鉄道省からの払い下げ車両。ト200とともに1949(昭和24)年、江若鉄道に払い下げられている。しかし状態が良くなかったのか、1955(昭和30)年には２両ともに廃車されてしまった。

■トム300(トム300～307)

鉄道省からの払い下げ車両。306が1918(大正７)年汽車会社製造であることはわかっているが、その他のトム300の経歴は不明。1949(昭和24)年に江若鉄道に払い下げされている。

廃線時まで残ったのは306のみで、300・301・305の３両は1955(昭和30)年に三岐鉄道に転出、残りの４両は昭和30年代に廃車されている。

木造無蓋車トム306。1918年製で、国鉄からの払い下げ車両
1969.10.11　近江今津　P：藤本哲男

紀州鉄道に譲渡されたDC251。 1971.8.12 御坊 P：山内 祐

岡山臨港鉄道キハ5001。キニ12の車体更新車キハ12を江若より譲り受けた車両。 1975.11.9 南岡山 P：澤田節夫

(6) 廃線後に江若から転出していった車両

■DC251→御坊臨港鉄道DC251

1964(昭和39)年に熊延鉄道から転属してきたC型ディーゼル機関車で、江若鉄道では5年ほどの在籍であった。廃線後はキハ16とともに御坊臨港鉄道(現・紀州鉄道)に譲渡されている。

紀州鉄道では貨物の輸送入換に従事したが、1984(昭和59)年2月の貨物廃止に伴い仕事を失い、同年7月に廃車されている。

■DD1351→別府鉄道DD1351

DD13の試作機と呼ばれたDD1351は兵庫県の別府鉄道に譲渡されている。別府鉄道には1964(昭和39)年にDC301が譲渡されており、DD1351が転属した結果、再び江若で活躍した2両の機関車が仲良く使われていた。DD1351は1984(昭和59)年2月の別府鉄道廃止まで使用された。

■DD1352→岡山臨港鉄道DD1352

DD1352は岡山県の岡山臨港鉄道にキハ12、キニ13とともに譲渡されている。形式・番号ともに江若鉄道時代のままで使用された。

岡山臨港鉄道も1984(昭和59)年の貨物輸送の廃止に伴いその年の12月に廃線となり、DD1352は同じ岡山県内の水島臨海鉄道に再譲渡されたが、部品取りとなって水島では現役車として復活することはなかった。

■キハ12→岡山臨港鉄道キハ5001

キハ12は1960(昭和35)年にキニ12を車体更新して形式変更された気動車で、車体の基本形状は「びわこ顔」の両運転台車両として、廃線まで他の「びわこ顔」のキニとともに活躍した。廃線後は岡山臨港鉄道に譲渡され車番が5001となり、また塗装変更を施された以外はそのままで使用され、同鉄道の廃線まで活躍した。廃線後は専門学校の倉庫として使われていたが2005～2008年の間に解体されたようである。

■キニ13→岡山臨港鉄道キハ5002

昭和初期に登場した「びわこ顔」の気動車で、エンジンの換装はたびたび行われたが車体形状は登場時とほぼ変わらずに廃線を迎えた。

廃線後はキハ12とともに岡山臨港鉄道に譲渡さ

岡山臨港鉄道キハ5002(左)とDD1352。車庫内で元江若鉄道の車両同士が顔を合わせた。
1971.9.19 南岡山
P：澤田節夫

江若C14形キハ16を譲り受けた御坊臨港鉄道キハ16。
1971.8.12　御坊　P：山内　祐

関東鉄道常総線を経て筑波線に入線したキハ5120。
1972.8.15　真鍋　P：澤田節夫

れ、同鉄道ではキハ5002となっていた。廃車は元キハ12の5001より早く1980（昭和55）年。

■キハ16→御坊臨港鉄道キハ16

DC251とともに廃線後御坊臨港鉄道（現・紀州鉄道）に譲渡されている。しかし実働していた時期は短く、大分交通から転属車が入線した1976（昭和51）年には予備車となり、1984（昭和59）年に廃車されている。

■キハ5120→関東（筑波）鉄道キハ511

江若鉄道からの最大の車両転属先となったのが東の気動車大国、関東鉄道であった。キハ5120は1970（昭和45）年の転属時は常総線に入線したが、２扉でラッシュ時の輸送には適していなかったようで翌1971（昭和46）年には筑波線に転属、その翌年にキハ511に改番している。その後1979（昭和54）年に筑波線が関東鉄道から分離され筑波鉄道となったが、1987（昭和62）年に廃線となるとそのまま廃車されてしまった。

■キハ5121・ハ5010・キハ5122 →関東鉄道キハ521・キサハ71・キハ522

DTD編成として江若時代には快速などに使われた３両編成も関東鉄道龍ヶ崎線に譲渡されている。

5121は1971（昭和46）年にワンマン改造とともにロングシート改造と運転台の位置変更が行われている。1972（昭和47）年にはキハ521に改番、1975（昭和50）年に車体更新されオリジナルの江若スタイルはなくなってしまった。廃車は1997（平成９）年のことであった。5122は基本5121と同じ経緯で、運命をともにしている。

中間付随車の5010は、1971（昭和46）年の5121・5122ワンマン改造時には運命をともにせず常総線に転属してキサハ71となったが、クロスシートの２扉でラッシュ時には使いづらかったのか翌年には筑波線に転属している。しかし、1974（昭和49）年には廃車されてしまった。

キハ07形の面影を残していた関東鉄道キハ5121は、後に車体更新で外観を一新した。　1972.8.15　龍ヶ崎　P：澤田節夫

龍ヶ崎線→常総線→筑波線と関東鉄道を転々としたハ5010（→キサハ71）。
1972.8.15　真鍋　P：澤田節夫

関東鉄道キハ5122。キハ5121と組んだ２両編成(後のキハ521−522)として車体更新され龍ヶ崎線で使用された。
1972.8.15　龍ヶ崎
P：澤田節夫

江若鉄道C6形キニ６の総括制御改造車、キハ5123を前身とする関東鉄道キハ5123。キハ531に改番の後に車体更新され、実に2001(平成13)年まで生き延びることができた。
1972.8.15　龍ヶ崎
P：澤田節夫

■キハ5123→関東鉄道キハ531

江若初期の大型気動車として登場したキニ６は、江若鉄道時代に総括制御改造が施されるなど近代化がなされていた。そのためか譲渡先も他の総括制御車とともに、関東鉄道龍ヶ崎線に転属している。

1971(昭和46)年のワンマン化改造で龍ヶ崎側の運転台を右側に移設している。翌1972(昭和47)年には形式をキハ531と改めた。1977(昭和52)年には車体更新が行われ元の車体の面影はなくなったが、そのおかげで21世紀まで存続することができた。廃車は2001(平成13)年４月であった。

■キハ5124
→加越能鉄道キハ162→関東鉄道キハ551

総括制御車で唯一関東鉄道に直接転属しなかったのがキハ5124で、富山の加越能鉄道加越線に譲渡された。加越能では大幅に改造されることもなく塗装もそのままで使用されたが、加越線が1972(昭和47)年に廃止されたことから廃車となり、同線で活躍していた気動車５両がすべて関東鉄道に譲渡され常総線で再起することになった。

関鉄での形式はキハ551となり、ラッシュ対策としてロングシート化改造と中間扉の両開き改造が施されていた。入線後に施された以外には大幅な改造もなく、また同じ関東鉄道に譲渡された他の元江若鉄道車両とは交わることがほぼない状態で1988(昭和63)年に廃車されている。

加越能鉄道加越線でキハ162として活躍した元江若キハ5124。
1972.5.19　庄川町　P：山内　祐

1959(昭和34) 年に運転された御乗用列車では、３軸ボギー客車のマイテ49 1を含む国鉄客車３両が江若鉄道に乗り入れ使用された。この時マイテ49は展望台を連結面側にして組成されている。
1959.8.9　叡山付近　P：高橋　弘

(7) 国鉄からの入線客車と夏場の多客時の借入車

国鉄からの客車の入線は1947(昭和22) 年の連合国臨時運転契約で締結され、運行当初は「連合国軍輸送の場合に限り20m級鋼製２軸ボギー客車の運行は差し支えない」とのことで７月に許可が下りている。また自社(江若鉄道)の機関車が使用不能の場合に限り、浜大津線の8620形機関車を入線も認める許可が契約されている。しかし最初は３軸ボギー車の乗り入れは不可であった。

しかし、朝鮮戦争が始まり連合軍の兵士輸送などで車両の不足が生じ、２軸ボギー車ばかりでの運行計画も立てられないことから、1950(昭和25) 年12月に３軸ボギー車の入線申請を行い、翌年に許可が下りている。

江若鉄道に入線可能な客車の形式は以下の通り。

オハ31・34・35・70・71・77
オハフ30・33、スハ32、スハフ32、オハ47
オロ31・35・36・40、スロ32・34・36
オニ2600、スニ30・71・73・77
マニ31・32・33・72・74・77
スシ31、マイネフ37、マロネ37、マロネフ37
マロネロ37、マイロネ37

３軸ボギー車の入線が認められたことにより、後に当時の皇太子殿下が乗車された臨時列車でマイテ49の入線が可能となった。またその後の夏場の臨時列車編成のためにたびたび国鉄より客車を借り入れており、最後の夏となった1969(昭和44) 年の夏の臨時列車でも自社のオハ27などとともに国鉄客車が連結され活躍していた。

国鉄より借り入れたスハ32形客車を２両連結した夏季臨時列車。
1957.8.12　三井寺下　P：高橋　弘

(8) その他の借り入れC12と近江鉄道からの蒸気動車

戦後、貨物輸送が増大した時に一時期的ではあるがC12を借り入れている。また父親の話によると近江鉄道の旧八日市鉄道の蒸気動車も一時期であるが借り入れた実績があったそうである。

おわりに

江若鉄道の会社設立から2021（令和３）年で101年、鉄道開業から100周年を迎えた。私自身は江若鉄道には乗ったことがあるそうだが、実際に覚えがあるわけではない。それもそのはずで、幼少の頃に両親に連れられて湖水浴に行くのに乗車した程度であるからだ。

しかし、私の祖父は戦前から江若鉄道を利用していた。当時日中戦争が始まり、滋賀県の湖西地域にも軍需工場が建設されたのであった。京都の地で写真店を開業していた祖父であったが、徴兵検査で引っかかり戦地には行かずに軍需工場で働くことになった。当初は京都伏見の地にあった工場で働いたが、その後その会社が高島に工場を建築され、京都から通勤することになり江若鉄道を利用するようになった。そして私の父親も戦争末期に中学の勤労奉仕で同じ工場で働いたことがあったようであった。そんなことから父親も江若鉄道に思い出があったようで、江若鉄道廃線時には職員の皆さんに配るためにアルバムを作って渡したそうである。昨年、江若鉄道設立100周年の記念誌を制作するにあたり江若交通様から連絡を頂き、そのアルバムを拝見させていただくことができた。そのアルバムからは、父が少年時代からお世話になってきた江若鉄道に対する思いが伝わってきた。

今回お世話になった江若交通様、江若交通相談役田中　均様、村田三千雄様、湯口　徹様、福田静二様、寺田裕一様、澤田節夫様、西村　光様、山内　祐様、井上雄次様、土出　敦様、内田利次様、島本由紀様、高間恒雄様、大西　卓様、今井健夫様、高見彰彦様、藤本哲男様（順不同）の皆様には感謝いたします。

高橋　修（オフィスひまわり）

●参考資料等
国立公文書館所蔵資料
『江若鉄道車輌50年』
『江若交通100周年誌』
『江若交通労働組合誌』
『鉄道模型趣味』各号（機芸出版社）
『鉄道ファン』各号（交友社）
『鉄道ピクトリアル』各号（電気車研究会）
『レイル』各号（エリエイ）
『鉄道史料』各号（鉄道史資料保存会）
『内燃動車発達史』（ネコ・パブリッシング）

追記：江若鉄道最大の遺構として残っていた旧近江今津駅舎が解体の方針と報道されました。（2021.5.5）

「惜別」のヘッドマークを掲げて運転された、C9形キニ11を先頭にした３両編成の「さよなら列車」。
1969.11.1　白鬚付近　P：高橋　弘